설씨 아가씨의 아버지 대신 가실이란
젊은이가 군대에 가겠다고 했어요.
군대에서 돌아오면 혼인을 시켜 달라고 했지요.
과연 두 사람의 혼인은 이루어질까요?

추천·감수 신형식

서울대학교 역사교육과 및 동 대학원 역사교육과를 졸업하고 단국대학교 대학원에서 문학 박사 학위를 받았습니다. 20년 이상 이화여자대학교 사학과 교수로 재직하며 연구 활동에 힘써 왔습니다.
현재 서울시 시사편찬위원회 위원장을 맡고 있으며, 2009년 서울시 초대 '역사자문관' 으로 임명되었습니다.
쓴 책으로는 〈삼국사기 연구〉, 〈한국 고대사의 신연구〉, 〈신라사〉, 〈통일 신라사 연구〉, 〈백제사〉, 〈남북한 역사관의 비교〉, 〈한국의 고대사〉, 〈한국 사학사〉, 〈고구려 산성과 해양 방어 체제 연구〉 등이 있습니다.

★

추천·감수 고운기

한양대학교 국문학과를 졸업하고, 연세대 대학원 국문학과에서 석·박사 학위를 받았습니다.
1980년대 초 영인본 〈삼국유사〉를 사서 "내 학문은 이 책에서 시작해서 이 책으로 끝날 것이다."라고 스스로 써 내려간 암시의 글처럼 그동안 일연과 〈삼국유사〉를 주제로 한 5부작을 완성했습니다.
1983년 동아일보 신춘문예에 시가 당선되면서 등단하였습니다. 〈나는 이 거리의 문법을 모른다〉 등 세 권의 시집을 선보인 시인이기도 합니다.

★

엮은이 이남영

숭실대학교 문예창작학과를 졸업하고, 강원일보 신춘문예 아동문학 동화부문에 〈감자꽃〉 당선, 계간 '시와 동화' 에 〈토끼네 가족〉, '아침햇살' 에 〈흙 먹는 아이〉 등을 발표하고, 어린이책 만드는 일을 하고 있습니다.

★

그린이 최효애

성균관대학교에서 동양화를 전공하고, 현재 프리랜서 일러스트레이터로 활동하고 있습니다.
그린 책으로는 〈말 잘하는 아이가 공부도 잘한다〉, 〈아들과 함께한 특별한 여행〉, 〈비용지불의 원리〉, 〈경제동화 - 노총각 장가들이기 작전〉 등이 있습니다.

★

역사똑똑 삼국사기

57 신라 | 약속을 지킨 설씨 아가씨

총기획 및 발행인 박연환
발 행 처 통큰세상
출판등록 제25100-2010-11호
연구개발원 경기도 성남시 분당구 금곡동 444-148
대표전화 (031)715-7722
팩 스 (031)786-1100
본 사 서울시 강동구 길동 92 신동아아파트 제101동 제상가 제1층 101호
대표전화 (02)470-7722
팩 스 (02)470-8338
고객문의 080-715-7722
기 획 임미옥, 백영민, 문성근, 정관영, 박양미
편 집 지수진, 김현정, 이은선
디 자 인 장월영, 김덕준, 정미은, 김지은

짝! 짝! 짝!
한국교육산업대상을 받았어요.

〈역사똑똑 삼국유사·삼국사기·고려사〉는 한국일보사가 주최하고 교육과학기술부, 대한출판문화협회에서 후원하여 국내 최고의 교육 제품을 선정해 주는 **한국교육산업대상**을 받았으며, 세계적인 **이탈리아 볼로냐 국제아동도서전 라가치상**에 출품하여 높은 평가를 받은 우수한 도서입니다.

약속을 지킨
설씨 아가씨

지은이 **김부식** | 엮은이 **이남영** | 그린이 **최효애**

통큰세상

6

빨래터에서 아낙네들이 수다를 떨었어요.
"설씨 영감님이 딸 하나는 잘 두었다니까."
"마음씨에 얼굴까지 고운데, 고생이 너무 심해."
"어려서 어머니를 여의고 아버지를 모시려니, 쯧쯧."
서둘러 빨래를 마친 설씨 아가씨는 집으로 향했어요.
이때, 설씨 아가씨를 몰래 훔쳐보는 젊은이가 있었어요.
'무거울 텐데, 들어 주겠다는 말을 못 하겠군.'

설씨 영감님 집에는 많은 젊은이들이 드나들었어요.
밭을 갈거나 곡식을 거두는 일을 도우며,
일하는 틈틈이 설씨 아가씨에게 눈길을 주었어요.
"따님을 아내로 맞고 싶습니다."
이렇게 청혼하는 젊은이들이 많았지만,
아가씨는 시집을 가려 하지 않았지요.
"제가 시집을 가면 아버지는 누가 모시겠어요?"

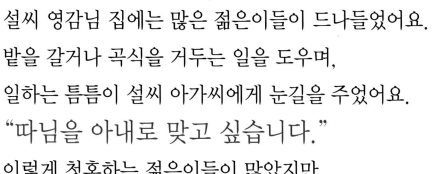

아름다운
설씨 아가씨를
아내로 맞을 수
있으면 좋으련만.

그런데 어느 날, 군사들이 들이닥쳤어요.
"설씨 영감이 군대에 갈 차례이니
모레까지 국경으로 떠날 준비를 하시오!"

설씨 영감님과 아가씨는 하늘이 무너지는 것 같았어요.
동네 사람들도 걱정만 할 뿐 도와줄 방법이 없었지요.
"노인더러 군대에 가라니, 말도 안 돼."
"나라에서 하는 일인데 힘없는 백성이 어쩌겠어?"

"내가 남자라면 아버지 대신 군대에 갈 텐데……."
설씨 아가씨는 눈물을 흘리며 하루를 보냈어요.
그런데 저녁 무렵, 한 젊은이가 찾아왔어요.
"저는 사량부*에 사는 가실이라고 합니다.
제가 영감님 대신 군대에 가겠습니다."
설씨 아가씨는 너무 기쁘고 고마웠어요.

* 사량부 : 신라 때 행정 구역인 경주 6부 중 하나

나이 드신 분을
어떻게 군대에 보낼
수 있겠습니까?

13

가실은 매일 빨래터에서 설씨 아가씨를
몰래 지켜보던 바로 그 젊은이였어요.
가실은 고마워하는 영감님에게 한 가지 부탁을 했어요.
"군대에서 돌아오면 아가씨와 혼인하고 싶습니다."
가실의 됨됨이를 살펴본 영감님은 기꺼이 허락했어요.
아가씨도 듬직한 가실에게 마음이 끌렸답니다.

드디어 가실이 떠나는 날이 되었어요.
"먼 길 조심하세요."
설씨 아가씨는 어디에선가 거울을 가져왔어요.

부디 몸 건강히
다녀오십시오.

거울을 반으로 쪼개어 한쪽은 자기가 갖고
다른 한쪽은 가실에게 주었지요.
"이 거울을 잘 간직해 주세요. 뒷날, 이 거울이
합쳐지듯 우리도 다시 만날 것입니다."
가실은 기르던 말을 아가씨에게 주고 떠났어요.

무사히
돌아올 테니 아무
걱정 말아요.

군대에서의 하루하루는 힘들었어요.
"적군이 쳐들어왔다! 싸울 준비를 하라!"
추위와 굶주림에 시달리며 적과 싸워야 했지요.
가끔 싸움이 없는 날이면 가실은 거울을 꺼내 보았어요.
'곧 아가씨를 만날 것이니 참고 견뎌야 해.'
이렇게 희망을 품고 힘든 군대 생활을
버텨 나갔답니다.

설씨 아가씨,
잘 기다려 주시오.

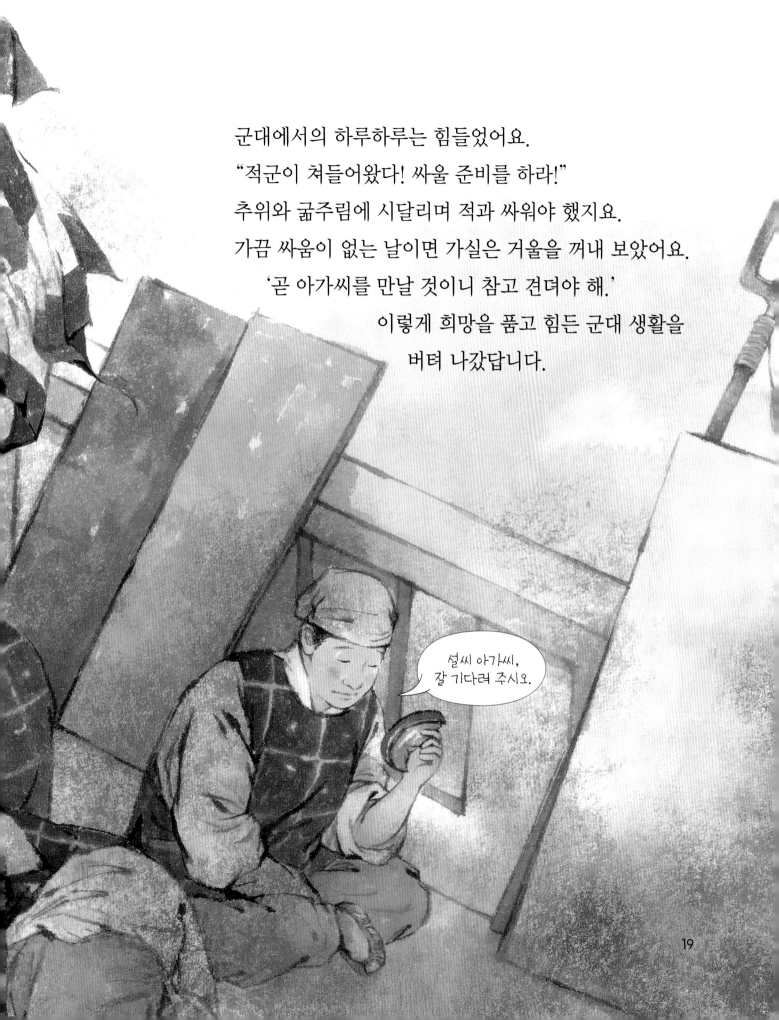

설씨 아가씨는 가실이 있을 북쪽 하늘을 바라보았어요.
'가실 님은 잘 계시겠지? 혹 다치지는 않으셨을까?'
오늘도 가실에 대한 걱정으로 눈물만 흘렸지요.
떠난 지 3년이 훌쩍 지났지만 소식이 없었거든요.
설씨 아가씨는 반쪽 거울을 들여다보며
가실이 두고 간 말에게 말을 걸곤 했지요.
"가실 님도 나처럼 이 거울을 보고 계실 테지?"

그 뒤로 3년이 더 지났지만 가실은 돌아오지 않았어요.
설씨 아가씨는 가실에게 좋지 않은 일이
생겼을까 봐 늘 조마조마했지요.
오늘도 이웃 마을에서 매파*가 다녀갔어요.
"6년이나 소식도 없으면 죽은 게요.
멀쩡한 딸을 처녀로 늙게 만들 셈이오?"
설씨 영감님도 조금씩 마음이 흔들리기 시작했어요.

※ 매파 : 혼인이 이루어지도록 맺어 주는 노인

어느 날, 설씨 영감님이 딸을 불러 말했어요.
"3년을 약속했는데, 6년이 넘었구나. 살아 있다면
소식이라도 있을 텐데, 아마도 죽은 것 같구나.
기다릴 만큼 기다렸으니 다른 데로 시집가거라!"

설씨 아가씨는 눈물을 흘리며 말했어요.

"가실 님은 아버지 대신 군대에 갔어요.

그 때문에 저는 그 사람과 혼인을 약속했지요.

그런데 어떻게 제가 약속을 깨뜨릴 수 있겠어요?"

하지만 설씨 영감님은 예전부터 설씨 아가씨를 좋아했던
젊은이의 부모와 혼인 날짜를 잡고 말았어요.
혼인 전날 밤, 아가씨는 집에서 도망쳐 나왔지만
곧 붙잡혀 마구간에 갇히게 되었어요.

아가씨는 가실이 두고 간 말을 쓰다듬으며 눈물을 흘렸어요.
'내일이면 다른 사람과 혼인을 해야 하다니……'
설씨 아가씨는 잠을 이룰 수 없었답니다.

아침이 밝아 혼인날이 되었어요.
설씨 아가씨는 밤새도록 얼마나 울었는지
눈이 퉁퉁 부어 있었지요.
이때 바깥에서 시끄러운 소리가 들려왔어요.
"거지가 어딜 들어가려고 그래? 당장 나가지 못해?"
그 순간 귀에 익은 목소리가 들려왔어요.
"설씨 아가씨! 설씨 아가씨!"

30

설씨 아가씨는 사람들을 밀쳐 내고 달려 나갔어요.
바로 그때, 거지가 품속에서 거울 조각을 꺼내 던졌어요.
아가씨가 자신이 지니고 있던 거울과 합쳐 보았더니
두 개가 꼭 들어맞았어요.
"가실 님이셨군요. 정말로 돌아오셨네요."
가실과 아가씨는 서로 부둥켜안고 눈물을 흘렸어요.
두 사람은 혼인을 치르고 오래오래 행복하게 살았답니다.

삼국 시대에는 혼례를 어떻게 치렀을까요?

가실이 돌아오지 않자, 설씨 영감님은 다른 젊은이와 혼례를 치르려고 했어요. 이 내용으로 보아 삼국 시대에는 신부 집에서 혼례를 치른 것을 알 수 있어요.

삼국 시대의 혼례는 매우 소박하게 치러졌어요. 고구려에서는 혼례를 치를 때, 신랑 집에서 돼지고기와 술을 보냈어요. 딸을 시집보내면서 재물을 받으면 신부의 부모는 딸을 종으로 판다는 욕을 들었다고 해요.

신라에서도 술과 밥을 해서 나누어 먹었을 뿐, 시집갈 때 보석이나 토지를 가져가지 않았어요.

고구려에는 '서옥'이라는 제도가 있었어요. 서옥은 신부 집의 본채 뒤에 지어 놓은 자그마한 집이에요. 혼례를 치른 날 저녁 무렵, 신랑은 신부의 집 문 앞에서 자기 이름을 대고 엎드려 절을 한 다음 신부와 함께 자게 해 달라고 졸라요.

신랑이 이런 조르기를 몇 번 하면 신부의 부모는 마지못한 듯 허락하고, 마침내 신랑은 서옥에 들어가 신부와 첫날밤을 지내게 돼요. 부부는 서옥에서 살면서 아이를 낳고, 아이가 다 자라면 데리고 신랑 집으로 들어갔다고 해요.

설씨 아가씨는 아버지 대신 군대에 간 가실을 기다렸어요.
변치 않는 마음을 지닌 설씨 아가씨를 생각하면서
꼬불꼬불 줄을 따라가 보아요.

역사랑 놀자

신라에서는
설씨 영감님처럼
나이 든 사람도
군대에 갔나요?

군대에 간 가실은
왜 6년이 넘도록
돌아오지 못했나요?

가실이 돌아오지
않자 설씨 영감님은
어떻게 했나요?

설씨 아가씨는 어떻게
돌아온 가실을
알아보았나요?

삼국 시대의 남자들은 16세에서
60세까지 군대에 가야 했어요.
또 일반 백성들은 나라에 큰일이 생겼을 때
의무적으로 불려 가 일을 해야 했지요.

신라는 잦은 전쟁을 치르느라
군사의 수가 턱없이 모자랐어요.
가실도 교대해 줄 군사가 없어
6년이 넘도록 고향에 돌아오지
못했던 거예요.

6년이 지나도록 가실이
돌아오지 않자, 설씨 영감님은
예전부터 딸을 좋아했던
젊은이와 혼인시키려고 했어요.

가실은 군대에 가기 전 아가씨와
거울을 반으로 쪼개 나눠 가졌어요.
설씨 아가씨가 품속에 지니고 있던
거울 조각을 꺼내 합쳐 보았더니 두 개가 꼭
들어맞았어요. 그래서 가실을 알아보았지요.